Grands Présidents | numéro **1**

GEORGE WASHINGTON
ET LA FONDATION DES ÉTATS-UNIS

Le président à l'origine
de l'identité américaine

par Mélanie Mettra

50MINUTES

Avec la collaboration d'Antoine Baudry

GEORGE WASHINGTON

CARTE D'IDENTITÉ

- **Naissance ?** Le 22 février 1732 à Pope's Creek (Virginie)
- **Mort ?** Le 14 décembre 1799 à Mount Vernon (Virginie)
- **Parti politique ?** Orienté vers le fédéralisme hamiltonien
- **Dates des élections ?**
  - Le 4 février 1789 pour le premier mandat
  - Le 13 février 1793 pour le second mandat
- **Durée du mandat ?** Sept ans
- **Apports majeurs ?**
  - La Constitution américaine
  - La mise en place du pouvoir fédéral et de la fonction présidentielle
  - Le protectionnisme diplomatique

INTRODUCTION

George Washington, premier président des États-Unis, est un véritable symbole. Son nom est connu de tous grâce à la capitale fédérale qui le porte. Son visage est familier grâce au billet d'un dollar américain et à sa statue sur le mont Rushmore (Dakota du Sud). Reconnu comme l'un des pères fondateurs des États-Unis d'Amérique, il a participé à la naissance d'une nation. De la guerre de Sept Ans contre les Français (1756-1763) et celle de l'Indépendance contre les Anglais (1775-1783) à la définition du protectionnisme américain, de l'élaboration de la Constitution à la création des organes de gouvernement fédéral, il est au fondement des valeurs et de l'identité de ce pays en devenir, qui en garde encore aujourd'hui l'héritage. Profondément ancré dans son époque, il est confronté à l'émergence des grandes problématiques de l'histoire des États-Unis, aussi bien intérieures, comme les rapports avec les Indiens ou la question de l'esclavage, qu'extérieures, telles que la politique diplomatique avec l'Europe.

JEUNESSE

George Washington est né le 22 février 1732 à Pope's Creek, dans le comté de Westmoreland de l'État de Virginie. Son père, Augustin Washington (vers 1694-1743), un planteur aisé, a eu trois enfants d'un précédent mariage. Suite à son veuvage en 1729, il s'est remarié deux ans plus tard avec Mary Ball (1708-1789), avec qui il a eu George Washington, leur fils aîné. À la mort de son père, ce dernier n'hérite que de peu de terres, l'essentiel allant à ses demi-frères. C'est l'un d'eux, Lawrence Washington (1718-1752), qui prend en charge l'éducation du jeune George alors âgé de 11 ans. Élève moyen, il arrête sa scolarité à 15 ans et devient ingénieur arpenteur. Grâce à ses revenus, il achète des terres situées surtout à l'ouest de la Virginie. En 1752, il hérite de la propriété de Mount Vernon de son demi-frère Lawrence, devenant ainsi un riche propriétaire terrien. Il le remplace également en tant que commandant dans la milice de Virginie.

Alors que les relations franco-anglaises sur le territoire américain se dégradent, le gouverneur de Virginie, Robert Dinwiddie (1693-1770), envoie le nouveau lieutenant-colonel dans la vallée de l'Ohio, où les Français ont érigé un édifice militaire, le Fort Duquesne. Chargé de construire un fort britannique (le Fort Necessity) qui lui ferait face et de faire évacuer la région de l'actuelle Pittsburgh, il participe à un bref affrontement au cours duquel ses hommes tuent dans des circonstances étranges le commandant français Joseph Coulon de Jumonville (1718-1754). C'est le premier incident sérieux d'une guerre qui opposera pendant sept ans les Anglais aux Français sur le continent américain. Durant le conflit, George Washington sert en tant qu'officier et se distingue particulièrement lors de la prise de Fort

Duquesne, en 1758. Il est alors nommé colonel. En 1759, une fois la vallée de l'Ohio rendue aux Anglais et la guerre franco-britannique terminée, il se retire dans ses terres de Mount Vernon, où il épouse une riche veuve, Martha Dandridge Custis (1731-1802), accroissant ainsi son capital terrien. Il est désormais à la tête de centaines d'hectares de plantation de tabac et de pêcheries sur le Potomac (fleuve de l'Est des États-Unis), exploitées par plus d'une centaine d'esclaves.

CARRIÈRE POLITIQUE

Aristocrate virginien, il est membre de la Chambre des bourgeois de Virginie entre 1759 et 1774. Subissant les règles, taxes et monopoles commerciaux imposés par les Anglais, il devient rapidement l'un des chefs de file de l'opposition à la politique coloniale britannique. En 1774 et 1775, il est élu représentant de la Virginie aux premier et second Congrès continentaux, où il participe à la rédaction et à l'adoption, le 4 juillet 1776, de la Déclaration d'indépendance. Nommé en juin 1775 commandant en chef de l'armée continentale, il réorganise les troupes indisciplinées et s'engage dans la guerre contre les Anglais, qui sont forcés d'évacuer Boston le 17 mars 1776. Malgré une défaite à New York en septembre 1776 et un hiver difficile en Pennsylvanie, il réussit à maintenir le moral de ses troupes en remportant des victoires importantes : celles de Trenton et de Princeton en janvier 1777 et celle de Philadelphie abandonnée par les Anglais en 1778. Le 19 octobre 1781, épaulé par les troupes françaises commandées par Jean-Baptiste Donatien de Rochambeau (1725-1807), il obtient enfin la capitulation du général britannique Charles Cornwallis (1738-1805) à Yorktown.

Une fois la paix revenue, George Washington s'empresse à nouveau de retourner dans ses terres de Mount Vernon. Mais les dysfonctionnements de la jeune confédération l'amènent à revenir sur la scène politique. Il accepte la présidence de la Convention constitutionnelle de Philadelphie en 1787, qui rédige, sous son égide, la nouvelle Constitution des 13 États fédérés. Il est élu premier président des États-Unis à l'issue de la constitution du nouveau gouvernement. Durant ses deux mandats, il travaille à la construction des outils législatifs et administratifs de la jeune nation américaine, lance une politique économique très marquée par le fédéralisme hamiltonien et jette les bases d'une nouvelle diplomatie, empreinte de sa volonté de neutralité vis-à-vis de ses anciens adversaires français et britanniques.

En 1796, désappointé et fatigué par les divergences politiques de plus en plus importantes qui apparaissent au sein de son propre gouvernement, il se retire à nouveau à Mount Vernon. Il ne jouit que trois ans de sa retraite et meurt d'une infection de la gorge, le 14 décembre 1799, à l'âge de 67 ans.

CONTEXTE POLITIQUE, SOCIAL ET ÉCONOMIQUE

LES COLONIES BRITANNIQUES ET LEURS HABITANTS

Dès 1620, on voit arriver en Amérique du Nord des migrants anglo-saxons venus chercher une terre à exploiter, un lieu de liberté et d'égalité. Ce phénomène est si important qu'au XVIIIe siècle, les territoires de la côte Est sont devenus des colonies placées sous l'autorité du roi d'Angleterre George III (1738-1820) qui comptent près de deux millions d'habitants au milieu des années 1760.

L'économie de ces colonies du Nord – qui regroupent notamment le Massachusetts, le New Hampshire, New York, la Pennsylvanie, le New Jersey, le Delaware et le Maryland – se caractérisent par l'exploitation du bois, la polyculture dans des fermes de taille moyenne et une proto-industrie reposant sur la construction navale, la distillation et la filature. La population, essentiellement composée de commerçants aisés et marquée par un fort puritanisme protestant, se regroupe dans des villes importantes comme Philadelphie, New York, Boston ou encore Baltimore.

Les colonies du Sud – qui comprennent notamment la Virginie, la Caroline du Nord et du Sud et la Géorgie – sont, quant à elles, spécialisées dans l'exploitation du tabac, du riz et de l'indigo, puis du coton, et ce dans d'immenses propriétés. Les villes et les ports y sont moins développés qu'au Nord. La Virginie, dont est originaire le futur président George Washington, est la colonie la plus peuplée, où l'on trouve, tout comme en Caroline ou en Géorgie, une aristocratie de riches planteurs. Piliers de cette économie agricole, tout particulièrement dans le Sud tabacole puis cotonnier, les esclaves représentent dans les années 1760 près de 30 % de la population. Leur condition divise la société depuis la fin du XVIIe siècle, sous l'impulsion notamment des quakers (communauté religieuse protestante) de Pennsylvanie qui se montrent favorables à l'abolition de l'esclavage. Une société d'émancipation des Noirs libres est d'ailleurs créée dans les années 1770 à Philadelphie. Elle favorise, par l'institution d'écoles primaires destinées aux Noirs, l'éducation et l'émancipation des esclaves. Grâce à de telles initiatives, les États du Nord abolissent peu à peu l'esclavage : le Vermont le fait en 1777, la Pennsylvanie en 1780, la Virginie en 1782 et le Massachusetts en 1783. À la fin du XVIIIe siècle, l'esclavage est interdit dans tout le nord de la fédération, mais la Constitution de 1788 n'en prend pas acte et ne l'intègre pas dans ses articles.

Le long de la frontière Ouest des colonies britanniques se trouvent les territoires indiens. Dès l'origine, la volonté colonisatrice des premiers migrants se heurte aux nations amérindiennes qui y vivent. D'abord pris comme modèles pour l'exploitation des ressources du continent, les Indiens deviennent rapidement une menace permanente de par leur opposition à la colonisation de leurs terres. De nombreuses échauffourées les opposent aux colons, se soldant soit par la saisie de terres par la force, soit par des traités. Ainsi l'accord de Fort Stanwix (1768) entérine la cession de territoires iroquois dans l'Ohio aux Anglais contre des terres situées dans la colonie de New York. Pour parvenir à leurs fins, les Britanniques n'hésitent pas à user de stratagèmes peu orthodoxes. Ainsi, au cours de la bataille de Point Pleasant en 1774 (ville de Virginie-Occidentale), ils distribuent des couvertures infectées par la variole, contaminant des milliers d'Amérindiens. En 1779, George Washington, alors commandant de l'armée continentale durant la guerre d'Indépendance, ordonne la conquête des territoires iroquois, tribu alors alliée aux Britanniques. En 1784, avec le second traité de Fort Stanwix, les Shawnees (peuple nord-américain) cèdent leurs terres à l'est et au sud de l'Ohio. En juillet 1787, l'Ordonnance du Nord-Ouest ouvre à la colonisation les territoires situés dans cette région, tout en interdisant les appropriations abusives de terres sans l'autorisation de leurs propriétaires amérindiens. Toutefois, cette clause est loin d'être toujours respectée, suscitant la révolte des nations spoliées qui n'hésitent pas à se révolter comme ce fut le cas des tribus des Miamis du chef Little Turtle (vers 1752-1812) qui ont infligé de lourdes défaites aux Américains, en 1790 d'abord, puis en 1791, à la bataille de la Wabash. En 1794, ce sont les armées fédérales qui remportent la victoire de Fallen Timbers, permettant l'installation de colons sur les territoires de l'Ordonnance du Nord-Ouest, tels que les Appalaches, le Mississippi ou encore le Tennessee. Les guerres indiennes ponctuent les XVIIIe et XIXe siècles.

FRENCH AND INDIAN WAR

Loin du continent américain, les grandes puissances européennes entrent en 1756 dans un conflit qui aura une portée mondiale, appelé guerre de Sept Ans, qui oppose d'une part l'archiduché d'Autriche au royaume de Prusse, et d'autre part les Anglais aux Français. Cette guerre trouve ses origines dans la précédente guerre dite « de succession d'Autriche » (1740-1748), au cours de laquelle les Prussiens se sont emparés de la Silésie autrichienne. En janvier 1756, le roi d'Angleterre George II (1683-1760) signe un accord de neutralité avec le royaume de Prusse, tandis que la France de Louis XV (1710-1774) et l'Autriche de Marie-Thérèse (1717-1780) s'allient. La guerre fait rage en Europe, mais également dans les colonies. Or les Français détiennent sur le continent américain de vastes territoires tels que la Nouvelle-France (soit les bassins du Mississippi et du Missouri ainsi que la région des Grands Lacs, le Canada, l'Acadie et une partie de la Louisiane) qui forment un arc de cercle du Grand Nord jusqu'au golfe du Mexique, enfermant les colonies britanniques. Un tel secteur suscite des rivalités entre Français et Anglais pour en obtenir la domination, l'accès et l'exploitation de leurs ressources, et ce depuis longtemps. Au début des années 1750, les tensions se font de plus en plus fortes dans la vallée de l'Ohio. Ainsi, en 1754, les troupes de George Washington, mandaté par le gouverneur de Virginie, patrouillent dans la région de Fort Duquesne avec l'intention de construire un fort pour faire face à leurs adversaires. Mais, le commandant français qui s'y trouve est tué au cours d'un affrontement dans des circonstances peu claires. Cet événement déclenche une guerre appelée par les Britanniques *French and Indian War* (également appelée « guerre de conquête ») en raison du soutien apporté par certaines tribus indiennes aux Français. Les batailles ont lieu sur l'ensemble du territoire nord-américain. En juillet 1754, les Français remportent une première victoire en Pennsylvanie, lors de la bataille de Fort Necessity. En 1758, les troupes britanniques, aidées de celles de George Washington, prennent Fort Duquesne, mettant fin à la domination française dans les terres de l'Ohio.

Dans la province de New York, les troupes françaises dirigées par le général Louis Joseph de Montcalm (1712-1759) remportent les victoires successives de Fort Henry et de Fort Carillon en 1757 et 1758.

En Nouvelle-France, Charles Lawrence (1709-1760), gouverneur de la Nouvelle-Écosse, organise, en juin 1755, la déportation de la population française de l'Acadie qui refuse de lui prêter serment d'allégeance et dont il craint qu'elle ne prenne les armes contre lui. En juin 1759, la ville de Québec subit le siège et les bombardements des armées navales du général britannique James Wolfe (1727-1759). Après deux mois d'incertitude, le 13 septembre, les troupes franco-britanniques s'affrontent sur les plaines d'Abraham, où les généraux des deux armées ennemies, le Britannique James Wolfe et le Français Louis-Joseph de Montcalm, trouvent la mort. La ville de Québec se rend le 16 septembre 1759. Le 8 septembre 1760, Montréal signe sa reddition, et avec elle la fin de la Nouvelle-France, désormais possession anglaise.

Le 10 janvier 1763, le traité de Paris met un terme à la guerre de Sept Ans, ainsi qu'à la plupart des colonies françaises en Amérique du Nord, qui sont cédées aux Anglais.

LA DÉCLARATION ET LA GUERRE D'INDÉPENDANCE

Après la victoire contre les Français, le roi d'Angleterre George III réaffirme son pouvoir dans les colonies britanniques. Il y renforce la politique de commerce exclusif qui les lie à la métropole, durcit la répression des fraudes contre les lourdes taxes imposées par la Couronne (sur le thé, le sucre, la presse, etc.) et limite l'influence des assemblées en assurant la rémunération des gouverneurs par la Couronne. Très vite, les Américains refusent cette pression colonialiste, imposée par un parlement au sein duquel ils n'ont pas de représentants malgré leurs revendications. Ils mettent alors en place des actions de boycott des produits anglais, en 1767 et en 1768, actions sévèrement punies par les *Townshend Acts* qui imposent aux colonies une lourde taxation douanière afin d'obtenir l'argent nécessaire au financement de l'administration coloniale. Ces mesures entraînent des soulèvements parfois violents, comme le massacre de Boston (5 mars 1770) durant lequel les soldats britanniques tirent sur la foule, ou la *Boston Tea Party* du 16 décembre 1773 qui voit la destruction des cargaisons de thé en représailles contre le monopole détenu par la Compagnie des Indes orientales sur la vente de celui-ci en Amérique. Le Royaume-Uni réagit aussitôt par ce qui sera nommé les *Intolerable Acts*, des lois punitives qui ruinent le commerce de Boston en ordonnant la fermeture du port et qui mettent un terme aux libertés accordées au Massachusetts. Face à la répression, les colonies s'organisent et se réunissent en 1774 à Philadelphie, lors d'un Congrès continental initié par Benjamin Franklin (philosophe, physicien et homme d'État américain, 1706-1790).

En juin 1775, alors que s'ouvre le second Congrès continental, une première bataille oppose Anglais et Américains, à laquelle participe George Washington en tant que commandant de la première armée continentale. Tandis que le 4 juillet 1776, les 13 États insurgés adoptent la Déclaration d'indépendance et ratifient, le 15 novembre 1777, les articles de la Confédération, la guerre d'Indépendance fait rage. Certains Américains (les « loyalistes ») restent fidèles aux Britanniques qui engagent, contre les troupes peu nombreuses, mal organisées et formées en hâte par George Washington, des mercenaires étrangers pour soutenir leurs armées. L'armée continentale est d'abord tenue en échec par les forces de l'ancienne puissance coloniale, comme lors de la défaite de New York en 1776 et celle de Philadelphie un an plus tard. Mais les *insurgents* (« insurgés ») rallient rapidement à leur cause les adversaires européens de la Grande-Bretagne. La France, en premier lieu, grâce à la mission diplomatique de Benjamin Franklin, voit là l'occasion de prendre sa revanche après la défaite de la guerre de Sept Ans et la perte de ses colonies. Le général La Fayette (1757-1834) et le comte Jean-Baptiste Donatien de Rochambeau (1725-1807) prennent la tête de l'armée française et participent, avec George Washington, à la victoire de Yorktown. La capitulation de Lord Charles Cornwallis (général britannique puis gouverneur des Indes, 1738-1805) précipite la fin de la guerre d'Indépendance. La paix de Paris, signée le 3 septembre 1783, reconnaît la nouvelle République fédérée des États-Unis.

LA NAISSANCE D'UNE NATION

Après la proclamation de la Déclaration d'indépendance des États-Unis d'Amérique le 4 juillet 1776, les 13 anciennes colonies anglaises se déclarent États souverains. Elles tentent, dès 1777, de rédiger les articles de la Confédération afin de régir cette alliance, mais les nombreuses dissensions, notamment commerciales et douanières, enveniment les débats. En effet, le futur gouvernement fédéral n'aura aucun pouvoir en matière de finance : il ne pourra prélever aucun impôt et aucune taxe, ses ressources n'étant assurées que par la libre contribution des États membres. Une nouvelle Convention se réunit donc en mai 1787, à l'initiative de l'État de Virginie, sous la présidence de son représentant, George Washington. Pendant quatre mois, elle travaille à l'élaboration d'un texte qui préserve à la fois l'autonomie des États tout en définissant et en affirmant les pouvoirs du gouvernement fédéral. Le projet de Constitution est adopté le 17 septembre 1787 et entre en vigueur le 4 mars 1789, à l'aube du mandat du premier président des États-Unis.

UN PRÉSIDENT QUI FAIT L'UNANIMITÉ

La première élection présidentielle de février 1789 n'est pas une élection au sens traditionnel du terme. Les membres du Congrès ayant participé à la rédaction de la Constitution, dans laquelle est défini le statut du président, sont amenés à le désigner pour diriger la toute nouvelle fédération. Or il n'y a pas encore de réelles oppositions, et les 11 candidats qui se présentent ne proposent pas de programme très défini, ni très distinct les uns des autres. Seules les compétences et l'expérience des candidats comptent donc lors de ce scrutin.

Chaque État compte un nombre identique de grands électeurs et de représentants au Congrès. Compte tenu de la nouveauté du système, leur désignation, qui a fait ou non l'objet d'un vote populaire, est parfois hasardeuse. Ainsi l'État de New York ne parvient pas à présenter de grand électeur cette année-là. De plus, sur les 81 qui sont, en théorie, censés prendre part au vote, seuls 69 y participent. Chacun dispose de deux bulletins, l'un destiné à élire le président, l'autre le vice-président. Le premier candidat obtenant le plus de voix accède à la législature suprême, le second à la vice-présidence. George Washington est élu à l'unanimité avec 69 voix et John Adams (1735-1826) est désigné vice-président avec 34 voix.

L'élection de 1792 qui désigne George Washington pour un second mandat se déroule quelque peu différemment. Tout d'abord, les grands électeurs sont au complet. Avec les nouveaux États entrés dans l'Union, ils sont au nombre de 132. Ensuite, les premières oppositions apparaissent et deux courants de pensée émergent :

- le premier, mené par le secrétaire d'État au Trésor, Alexander Hamilton (1757-1804), est orienté vers un fédéralisme limitant le pouvoir des États ;
- le second, mené par Thomas Jefferson (1743-1826), secrétaire d'État chargé des Affaires étrangères, prône au contraire l'autonomie des États, dans un parti républicain-démocrate.

Bien que peu désireux de se présenter pour un second mandat, George Washington y est vivement encouragé. En effet, même si son inclination le porte davantage vers le fédéralisme, les membres des deux partis le jugent seul capable de dépasser leurs différences. Il est donc réélu à l'unanimité face aux quatre autres candidats, et le vice-président sortant John Adams poursuit également son mandat. Notons toutefois que le taux de participation est extrêmement bas : seul entre 1 et 2 % de la population y participe.

UNE POLITIQUE FÉDÉRALISTE

La Constitution entre en application lorsque George Washington débute son mandat présidentiel. Elle prévoit à la fois le maintien de l'indépendance des 13 États qui constituent en 1789 les États-Unis d'Amérique, mais aussi un pouvoir fédéral important. Tout au long de ses deux mandats, le président George Washington œuvre à définir et à élaborer les instances et les organes de ce mode de gouvernement ainsi que ses fondements constitutionnels et législatifs, alors que de nouveaux États rejoignent progressivement la fédération (le Vermont en 1791, le Kentucky en 1792 et le Tennessee en 1796).

Le premier grand apport de George Washington en tant que premier président des États-Unis est la Déclaration des droits (*Bill of Rights*), adoptée en 1789 et ratifiée par le Congrès en décembre 1791. Proposée pour rassurer les citoyens qui craignent que les pouvoirs conférés par la Constitution au gouvernement central ne restreignent les libertés individuelles, elle contient dix amendements visant à protéger la liberté d'expression, de la presse, de religion, de rassemblement, de porter des armes, de protection face à la justice, etc.

Dans le domaine économique, la politique de George Washington est fortement marquée par la pensée hamiltonienne. Au sein de son gouvernement, ses deux principaux secrétaires d'État défendent des conceptions quelque peu différentes du fédéralisme. Si Alexander Hamilton, secrétaire d'État au Trésor, défend l'idée d'une république aristocratique dont le gouvernement éclairé préserverait l'intérêt général face à la pression populaire, Thomas Jefferson, secrétaire d'État aux Affaires étrangères, prône, quant à lui, la limitation des prérogatives du pouvoir central et l'assurance aux États de la plus large indépendance possible, mettant l'accent sur les libertés indi-viduelles et le contrôle du gouvernement par le peuple.

Les premiers travaux d'Alexander Hamilton en tant que secrétaire d'État au Trésor consistent à réorganiser les affaires budgétaires. Tout d'abord est institué, le 22 septembre 1789, le département du Trésor qui a comme rôle de piloter la politique économique du gou-vernement fédéral. Ensuite est instauré le financement de la dette des États par le gouvernement fédéral. En effet, les 13 États fédérés ainsi que le gouvernement continental se sont lourdement endettés lors de la guerre d'Indépendance, provoquant une grave crise budgétaire.

Afin de rembourser ces dettes et de prouver la solidité de la jeune nation face à ses créanciers, le gouvernement fédéral est désormais à même, grâce à la nouvelle Constitution, de fixer et de percevoir les taxes relatives au commerce international des États-Unis et de le réguler. Les droits de douane sont donc la principale source des recettes fédérales, celles-ci devant servir au remboursement de la dette. Par les actes des 4 et 5 août 1790, la dette des États est nationalisée et ceux-ci sont renfloués. Le 25 février 1791, la première banque des États-Unis est fondée afin d'assainir la situation financière et d'assurer le bon fonctionnement économique. Le 2 avril 1792, le *Coinage Act* (« loi sur la monnaie ») entérine la création d'un hôtel des monnaies qui émet la nouvelle monnaie fédérale : le dollar américain.

BON À SAVOIR

Jouissant de ses nouvelles prérogatives de fixation et de perception des taxes, le gouvernement en impose une sur les alcools distillés en 1791. Durant trois ans, des manifestations et exactions contre les collecteurs de taxes ont lieu dans les comtés de l'Ouest des États-Unis, en Virginie, en Pennsylvanie et dans le Maryland. Nommée la « Révolte du whisky », la violence atteint son apogée en 1794, contraignant George Washington à instaurer une loi martiale. L'armée de 13 000 hommes constituée à cet effet soumet les révoltés en octobre 1794, renforçant par là même le pouvoir exécutif et fédéral de la jeune nation.

Sur le plan judiciaire, George Washington signe en 1789 le *Judiciary Act*, à la base des nouvelles institutions judiciaires. Une cour suprême est alors créée, avec à sa tête un haut magistrat, assisté à l'origine par cinq assesseurs, choisis par le président et validés par le Congrès.

L'ÉLARGISSEMENT DES FRONTIÈRES

En 1789, les États-Unis sont constitués de 13 États situés le long de la côte Est. À l'ouest, un vaste territoire occupé par des colons britanniques et des nations indiennes les sépare de la colonie de

Louisiane et du royaume de la Nouvelle-Espagne, qui rassemble les terres espagnoles. Espagnole également, la Floride borde la nouvelle nation au sud. Tout au long des XVIIIe et XIXe siècles, ces territoires seront l'enjeu de révoltes et de tractations.

La manne financière que représente la vente de terres considérées comme vierges ainsi que les conditions de création d'un nouvel État précisées par l'Ordonnance du Nord-Ouest de 1787 poussent de nombreux pionniers à faire reculer la frontière Ouest des États-Unis. Or les Anglais y détiennent encore des forts et des territoires. Pour les protéger, ceux-ci s'allient avec les populations indiennes qui luttent également pour protéger leurs terres, en particulier dans l'Ohio.

La position de George Washington face aux Indiens est double. Il fustige les raids organisés par les conquérants américains désireux de s'implanter en territoire indien. En effet, face à ceux qu'il considère comme des sauvages, il recommande le recours à des traités et prône la « civilisation » de ces populations autochtones par l'éducation, le soutien financier et matériel. Néanmoins, il n'hésite pas à réprimer sévèrement les soulèvements indiens, comme lors des affrontements contre les nations indiennes de *l'Ohio River*, en 1791 et en 1794, qui se sont terminés avec le traité de Greenville en 1795. Les Indiens cèdent alors au gouvernement des terres dans l'Ohio, le Michigan et l'Indiana. La même année, les Anglais quittent les forts qu'ils détenaient encore dans la région. Mais chaque nouvelle avancée vers l'Ouest donne lieu à des affrontements, qui se répéteront pendant plus d'un siècle.

Au sud, le traité de San Lorenzo (ou de Pinckney), signé le 27 octobre 1795 entre l'Espagne et les États-Unis, attribue à la fédération l'autorité sur le territoire à l'est du Mississippi, ouvrant ainsi le fleuve et le port de la Nouvelle-Orléans à la circulation commerciale des navires américains. En contrepartie, les Espagnols maximisent le rendement fiscal de la région, en pleine expansion économique, grâce à la culture du coton.

LES RELATIONS INTERNATIONALES

Après la guerre de Sept Ans et la guerre d'Indépendance, les relations diplomatiques internationales de la jeune nation américaine ne sont pas aisées.

Lorsqu'éclate en 1789 la Révolution française, le peuple français, qui a soutenu les Américains lors de leur propre révolution – Gilbert du Mortier de La Fayette a participé à la victoire finale des troupes américaines à Yorktown, aux côtés de George Washington –, reçoit les faveurs de l'opinion américaine. Mais, lorsque la guerre franco-britannique éclate en 1793, elle divise les hommes politiques. Les heurts avec les Anglais, qui soulèvent les nations indiennes afin d'obtenir leur aide dans les territoires de l'Ouest, motivent certains d'entre eux, derrière le secrétaire d'État Thomas Jefferson, à soutenir une intervention des États-Unis en faveur de la France. D'autres, derrière le secrétaire d'État au Trésor Alexander Hamilton, soucieux de maintenir les liens commerciaux privilégiés avec la Grande-Bretagne, y sont réticents. George Washington, passant outre les factions rivales, choisit une politique de neutralité (déclaration du 22 avril 1793) qui sera mise à rude épreuve à cause des manœuvres aussi bien françaises que britanniques.

Au début du mois d'avril 1793, le premier ambassadeur de la République française, Edmond-Charles Genêt (1763-1834), arrive en Caroline du Sud, chargé de demander de l'aide au président des États-Unis. Avant même de rencontrer ce dernier et, par la suite, en dépit de la proclamation de neutralité, il profite de sa popularité pour armer quatre navires de guerre et lever des milices. Irrité par ce comportement, George Washington, après une sévère semonce dont Edmond-Charles Genêt ne tient pas compte, demande à la France de lui retirer son mandat. Ainsi, au lieu de consolider les relations franco-américaines, l'ambassadeur français les a mises à mal. Elles sont d'ailleurs rompues en 1797 par le Directoire.

Les Britanniques ne sont pas en reste. Au cours de l'année 1793, la Grande-Bretagne annonce qu'elle fera arraisonner tous les navires commerçant avec la France, même ceux portant pavillon américain, ce qui ravive les tensions entre l'Angleterre et les États-Unis. George Washington suspend aussitôt le commerce maritime et lance la construction de trois navires de guerre. Il essaie tout de même d'obtenir une réconciliation avec les Anglais, mais ceux-ci multiplient les provocations en continuant à construire des forts à l'Ouest des États fédérés et en soulevant les nations amérindiennes pour leur propre compte. Toutefois, George Washington parvient, par la voie de la diplomatie et de son émissaire John Jay (1745-1829), à négocier un traité (le traité de Londres) ratifié en octobre 1795. Les Anglais acceptent alors de quitter les forts qu'ils occupaient encore, dédommagent les navires commerciaux américains et reçoivent en échange le statut commercial de nation privilégiée.

Malgré ces nombreuses difficultés, George Washington s'efforce de maintenir sa politique de neutralité, qu'il réaffirmera dans son discours d'adieu. À la fin de son second mandat, alors que son gouvernement est en proie à de nombreuses dissensions, on l'encourage à se représenter, mais George Washington décide de mettre fin à sa carrière politique. Le 20 septembre 1796, il prononce son discours de fin de mandat, dans lequel il réaffirme la nécessité de la neutralité et de l'union, annonçant le protectionnisme qui régira la politique internationale américaine jusqu'à la Seconde Guerre mondiale (1939-1945).

RÉPERCUSSIONS

AU NIVEAU POLITIQUE

Dans les années qui suivent la fin du mandat de George Washington, le visage politique et économique des États-Unis garde son empreinte. Les divisions qui sont apparues durant ses deux mandats entre partisans de la vision politique d'Alexander Hamilton et ceux favorables à Thomas Jefferson s'accentuent sous la présidence de John Adams (1797-1801). Si, comme son prédécesseur, il tente de gouverner au-delà des luttes partisanes, sa politique internationale favorise les vues des jeffersoniens. George Washington ne réussissant pas à préserver sa conception apolitique du gouvernement, c'est sous sa présidence que naît le bipartisme qui marquera les siècles à venir : les fédéralistes inspireront le futur parti républicain, tandis que les républicains-démocrates seront à l'origine du parti démocrate.

L'économie, quant à elle, s'ancre profondément dans l'industrialisation du Nord et dans la finance. Favorisant l'émergence d'une nouvelle économie reposant sur l'industrie ainsi que sur les échanges monétaires et boursiers, George Washington lance également la grande aventure bancaire américaine, publique et privée, qui connaît des heures plus ou moins noires par la suite. La première banque fédérale est remplacée par une seconde en 1812, mais, jusqu'en 1863, l'émission de monnaie reste libre. Toutefois, le *National Bank Act* de cette même année limite l'émission de monnaie à des banques privées dont les billets peuvent être gagés en avoirs de rente fédérale. En 1913, la réserve fédérale vient entériner le monopole de l'émission par le gouvernement fédéral.

LA GUERRE DE SÉCESSION ET LA CONQUÊTE DE L'OUEST

Dans les États du Sud se dessinent, dans les années 1790, les enjeux de la future guerre de Sécession (1861-1865). En effet, l'économie agricole et de plantation est en pleine croissance. Alors qu'elle reposait d'abord sur la culture du tabac, les innovations techniques de filature et l'essor de la demande favorisent la culture du coton qui connaît une fulgurante expansion à partir des années 1790. Cette culture, qui nécessite une main-d'œuvre importante, est principalement réalisée par des esclaves, dont la population ne cesse de croître : durant la seconde moitié du XVIIIe siècle, ils représentent entre un tiers et un sixième de la population totale des États-Unis. Avec l'avancée vers l'Ouest, les nouvelles terres conquises sont également dévolues à la culture du tabac, du coton ou de plantes tinctoriales, entraînant le déplacement des populations asservies. Dès les années 1770, plusieurs États du Nord votent l'abolition de l'esclavage, mais George Washington, lui-même propriétaire d'esclaves ayant pourtant montré à plusieurs reprises ses inclinations abolitionnistes, ne prend aucune décision à ce sujet. Il laisse donc à ses successeurs cette question épineuse, qui ne se réglera qu'au prix d'une sanglante guerre civile.

C'est aussi sous la présidence de George Washington que débute la grande épopée de la conquête de l'Ouest, fondatrice de l'identité américaine. Les premiers accords avec les Indiens et les Espagnols, obtenus par la force ou par la diplomatie, ouvrent l'ère des pionniers qui cherchent, par la découverte et la conquête de nouveaux territoires vers l'Ouest, à étendre l'influence politique, mais surtout économique et commerciale de la jeune nation fédérée.

UNE CONSTITUTION SOLIDE

Enfin, George Washington surtout établit les fondations constitutionnelles d'une nation, fondations toujours solides deux siècles plus tard, par la Constitution à laquelle il a travaillé, grâce aux amendements qui régissent aujourd'hui encore la justice et les libertés américaines, à une certaine idée de la diplomatie et à la position des États-Unis sur l'échiquier mondial qui ne sera vraiment remise en cause qu'avec la Seconde Guerre mondiale – période durant laquelle les États-Unis sortiront de leur isolationnisme.

George Washington est également celui qui donne corps à la fonction présidentielle. La représentation du rôle, des devoirs et de la posture du chef de l'État fédéral est en grande partie héritée de ses propres actions. C'est sous sa présidence qu'est née la tradition du choix du cabinet par le président lui-même, de la limitation de l'exercice du pouvoir suprême à deux mandats, de la nomination d'un grand nombre de fonctionnaires par le chef de l'État en personne (ambassadeurs, juges de la Cour suprême, etc.). Tout en asseyant le pouvoir exécutif représenté par la fonction présidentielle, il définit clairement le rôle du Congrès et de son pouvoir législatif. Il évite soigneusement de se mêler aux débats, sauf en cas de questions constitutionnelles, et n'utilise pas son droit de veto pour peser sur les décisions. Lors de la Révolte du whisky de 1794, il a également démontré la supériorité de la puissance fédérale sur les États, puissance assurée de façon rudimentaire d'abord sous forme de milices armées, et dont la spécificité et les attributions seront élaborées dans les décennies suivantes.

22 fév. 1732	Naissance de George Washington
1754-1763	*French and Indian War*
1775-1783	Guerre d'Indépendance
4 mars 1789	Entrée en vigueur de la Constitution des États-Unis
30 avril 1789	Investiture de George Washington
15 déc. 1791	Ratification finale du *Bill of Rights*
2 avril 1792	*Coinage Act*
4 mars 1793	Seconde investiture de George Washington
4 mars 1797	Investiture de John Adams
14 déc. 1799	Mort de George Washington

- George Washington, nommé colonel par le gouverneur de Virginie, participe à la guerre de Sept Ans aux côtés des Anglais contre les Français.

- En 1775, il est élu représentant de la Virginie aux premier et second Congrès continentaux et participe à la Déclaration d'indépendance et à celle des actes de l'Union, prémices de la Constitution.

- Entre 1775 et 1783, il dirige la Convention à l'issue de laquelle est ratifiée la Constitution.

- Il dirige l'armée continentale dans la guerre qui oppose la nouvelle nation indépendante aux colons britanniques.

- Élu premier président des États-Unis, il fait adopter de nombreux textes fondateurs de la nation américaine : la Déclaration des droits (*Bill of Rights*), la loi sur la monnaie (*Coinage Act*) ainsi que la loi sur le fonctionnement judiciaire (*Judiciary Act*).
- Il jette ainsi les bases des institutions judiciaires et financières de l'État fédéral.
- Lors des conflits qui opposent les États-Unis aux nations européennes (France et Grande-Bretagne en particulier), il tente de définir une diplomatie visant au respect de la neutralité de la nation américaine.
- Sous son mandat commencent à apparaître les premiers partis autour des positions politiques du secrétaire d'État au Trésor, Alexander Hamilton, et du secrétaire d'État aux Affaires étrangères, Thomas Jefferson.
- Malgré une inclinaison pour l'abolitionnisme et le respect des nations indiennes, George Washington ne définit pas de politique précise face aux questions de l'esclavage et des territoires indiens, déjà ignorées dans la Constitution.
- Après ses deux mandats et alors que son gouvernement l'encourage à se représenter, George Washington quitte la scène politique pour retourner sur ses terres où il s'éteint trois ans plus tard.

POUR ALLER PLUS LOIN

SOURCES BIBLIOGRAPHIQUES

- ALDEN (John Richard), *La guerre d'Indépendance. 1775-1783*, Paris, Seghers, 1965.
- BRUCE (David K.), *Les présidents des USA de George Washington à Abraham Lincoln*, Paris, Gallimard, 1954.
- CUNLIFFE (Marcus), *George Washington. L'homme et la légende*, Paris, Seghers, 1966.
- DESBIENS (Albert), *Histoire des États-Unis. Des origines à nos jours*, Paris, Éditions du Nouveau Monde, 2012.
- KASPI (André), *La naissance des États-Unis. Révolution ou guerre d'indépendance ?*, Paris, Presses universitaires de France, 1972.
- MEYER (Jean), *L'Europe et la conquête du monde. XVIe-XVIIe siècles*, Paris, Armand Colin, 2009.
- PORTES (Jacques), *Histoire des États-Unis. De 1776 à nos jours*, Paris, Armand Colin, 2010.

SOURCES COMPLÉMENTAIRES

- « American President : A Reference Resource », in *Miller Center*. http://millercenter.org/president/washington/essays/biography/5
- FAULKNER (Harold Underwood), *Une histoire économique des États-Unis d'Amérique des origines à nos jours*, Paris, PUF, 1958.
- SARGENT (Thomas J.), *Les États-Unis naguère. L'Europe aujourd'hui*, conférence Nobel prononcée à Stockholm le 8 décembre 2011.
- WILLIAMS (Glenn), « March to Victory », in *Revue historique des armées*, n° 246, 2007, p. 10-21.

- WARRINGTON (Dawson), « Les 2 112 Français morts aux États-Unis de 1777 à 1783 en combattant pour l'indépendance américaine », in *Journal de la Société des Américanistes*, tome 28-1, 1936. p. 1-154.

DOCUMENTAIRES

- *Yorktown 1781*, documentaire d'Henri Turenne et Daniel Costelle, France, 1976.
- *10 présidents américains célèbres*, documentaire de Pierre Étienne Pommier, France, 2012.

50MINUTES

Éditeur responsable : Lemaitre Publishing
Rue Lemaitre 6 | BE-5000 Namur
info@lemaitre-editions.com

ISBN ebook : 978-2-8062-5433-7
ISBN papier : 978-2-8062-5613-3
Dépôt légal : D/2014/12603/41
Photo de couverture : réputée libre de droit.

Conception numérique : Primento,
le partenaire numérique des éditeurs